Responce de Maistre
PIERRE LE MAIGRE

à celle de Monsieur d'Epais, Pre-
sident du Biarnois en la Ville de
Tours.

nᵒ 51

A TROYES.
Par Iean Moreau, M. Imprimeur
du Roy.

M. D. LXXXX.

Auec Priuilege dudit Seigneur.

Onſieur, la preſente eſt pour
vous donner aduis, que la voſtre
du dernier de Decēbre, eſcrite à
Monſieur de S. eſt tombee entre autres mains que les ſiennes,
& ſeroit bon que ne prinſſiez la
peine doreſnauāt d'eſcrire par deça à voz amis,
car les lettres venantes de la cloaque de Tours
(principalement de gens de telle reputatiō que
vous eſtes) ne font qu'engēdrer mauuais odeur
de ceux auſquels elles s'addreſſent, iaçoit qu'au-
cuneſfois ils n'en puiſſent mais. Or afin que ne
ſoyez du tout fruſtré de reſponce, ſçachez que
nous ſommes icy fort édifiez de voſdites lettres
pour y recognoiſtre vos ſaincts deportemens,
& les ſeures marques de voſtre pieté & religiō.
Premierement en ce que vous auez ja ſi biē pro-
fité en l'eſcole de Tours, qu'ayez commēcé *cum
tanto ſæuore* à pratiquer la loy des repreſailles, de
laquelle au parauant(n'eſtant vſité à ſi eſtrange
marchandiſe) n'auiez que la theorie, puiſque
vous contrepeſez ſi iuſtement à voſtre profit la
vente de vos liures & abſcence de voſtre belle
mere, que tous les biens des Cathotholiques

A ij

que saisissez, & les personnes mesmes qui vous
tombent entre mains, ne sont bastans à assouuir
par contr'eschäge vostre insatiable desir d'em-
plir vos bourses & d'affliger les Catholiques,
*te scilicet (quoniam pio & innocenti viro credere fas est)
inscio & ignorante.* Vous vous plaignez des larçins qui se commettent par deça, comme si c'e-
stoit larçin de saisir par authorité publique les
biens de ceux qui sont criminels de leze majesté
diuine & humaine comme vous : que s'il y en a
qui commettent des larçins, ie voudrois qu'ils
fussent tous pendus en Greue, y en eust-il dix
mil. Mais pleust ores à Dieu que vos larçins &
exces ne fussent point plus grands & enormes
que de ceux que vous alleguez, & qu'au lieu de
ioindre *le s. furtum a la l. Corneliene de siccariis,*
vous vous fussiez maintenu aux bornes *de rescin-
dendo venditione* ou *de rebus alienis non alienandis,* de-
quoy vous vous plaignez : les gens de bien ne
seroiét tant inquietez, ny la vraye religion mise
en danger euident comme elle est, & cela seroit
talem remp. tueri, qualem à maioribus accepimus, à sçauoir plaine de pieté & iustice, comme nos an-
cestres la nous ont laissee, & comme nos predicateurs suadent & crient continuellemét à tres-
iuste raison, que nous sommes obligez de la có-
seruer. C'est chose digne de tel iugement que le
vostre à qui la pieté est barbarie, la religió n'est
qu'vn phantaume, d'escrire qu'exciter le móde
à se tenir ferme en la religió qui a tousiours fait
florir & prosperer ce Royaume, soit bannir du
cœur des hommes toute humanité : vous auez
raison, car ie ne m'aduisois pas que l'humanité

consiste à massacrer des Princes, à traicter des
Rois comme esclaues, à disposer par diuers en-
droits des retraictes de voleurs, à ruiner les villes, à violer, à rauager les temples, à subuertir la
vraye religion, à mesdire du Pape, à oster l'authorité des anciens Parlemens & de la iustice,
& en eriger de nouueaux au lieu d'iceux pour
fortifier l'heresie, impieté, & toute espece d'iniustice & abomination. Vous nous voulez met-
tre en goust vostre Biarnois. Ie sçay qu'il est tel
que le desirez, & que ne le voudriez pas autre,
cognoissant de lõg-temps vostre humeur & religion. Mais à qui pensez-vous vendre voz co-
quilles? estimez-vous celuy auquel vous escri-
uez, ou ceux ausquels vous desirez vos lettres
estre communiquees, si buffez & despourueuz
d'entendement, que de se laisser mener par voz
rethoriques? elles sont trop lourdes & grossie-
res, & tiennent trop de vostre corpuléce. Vous
auez vn Roy magnanime dictes vous. Ouy, il
l'a biē monstré lors que à l'arriuee de noz faux-
bourgs, encores que par la disposition des trai-
stres il n'y trouuast resistāce de la part ou il ve-
noit *vt reliquos instruxit* comme vn Thrason de
Terence *ipse sibi cauit loco* estant fort aduisé par le
conseil de ses ministres à s'esloigner des coups:
& quād apres la premiere nouuelle qu'il eut de
l'arriuee de Monseigneur le Duc de Mayenne,
il cõmença si fort à trembler que ceux d'autour
de luy n'en auoient pas moins de honte que de
pitié, qui fut cause que la sourdine sonna si tost
à cheual, & qu'on se mist promptement à trous-
ser bagage.   Il est iuste & clement dictes vous,

A iij

Ouy certes, autant l'vn que l'autre, maudict soit
qui s'y fiera, la preuue en est aisee à faire en nos
doctes religieux & docteurs, & infinité de Catholiques exécutez de mort, ausquels il a de-
party des eschantillons de sa iustice & cleméce,
& mesme a la plus part contre la foy promise
& apres la rançon payee, tesmoin apres la prise
de Vendosme, celuy qui y commádoit, tesmoin
le pauure Charpentier notable bourgeois de
Paris, qu'on a exécuté innocent, souz pretexte
d'estre en recompense d'vn traistre executé en
ladicte ville. Bien est-il vray qu'il a procedé à
quelques vns, cóme il semble, par forme de iustice, d'autant qu'il à des Harlets, des Fayes, des
la Guesles, & des Seruins, & tout le rebut &
vrais esgouts de nostre France, qui ne manquét
de luy fournir des arrests de mort contre les
Catholiques plus qu'il n'en veut, & comme i'é-
tens en a tousiours en forme plain sa poche, ou
quelqu'vn aupres de luy, ou ne reste qu'vn espa-
ce en blác a remplir du nom de qui bon luy sé-
ble. De sorte que comme iadis en la persecutió
des Lyonnois & Viennois, mentionnee en Eu-
sebe, c'estoit cause suffisante pour condamner
vn homme à mort quand on auoit dit pour toute raison, il est Chrestié: & auiourd'huy en Angleterre crime de leze maiesté d'auoir descou-
uert qu'vn hóme ait bien dict du Pape, ou de la
Messe: aussi voyons-nous bien que a vostre iuste
Roy, & a vous autres, le crime capital est quand
on dit, Il est ligueur. Et sommes encores a ap-
prédre le premier voleur, le premier meurtrier,
sorcier, sacrilege, heretique, ou malfaicteur no-

table, auquel ce iuste Roy, ou voſtre bon Parlement ait faict le proces, eſtant neantmoins la ve-
rité que ne pouuez nier que parmy vous a peine ſe trouue perſonne qui ne ſoit honoré de ql-
qu'vne de ſes notables qualitez. Vous le vantez
encore fort eſgal à vn chacun. Pourquoy donc
eſt-ce que le Cardinal de Védoſme & le Comte
de Soiſſons ſont entrez en ſi grande ialouſie &
meſcontentement depuis quelque temps, de ce
qu'il preferoit à eux le petit Prince de Condé
freſchement ſeuré, ne promettant audit Cardinal que des benefices auec les ſeaux, & au Comte des gouuernemens auec des eſtats, & d'autre
part s'efforçant faire declarer ledit petit Prince
ſon ſucceſſeur?(car ainſi debattét-ils de la chap-
pe à l'Eueſque, & paiſtriſſent pour empaſter le
Lieure qu'ils ne prendront pas) vous me direz
que ledit petit Prince eſt plus proche, ou cóme
fils de l'aiſné deffunct, ou comme fils naturel du
Biarnois. Ie le vous accorde *præſuppoſito falſo* du
bon droict que pretendez du Biarnois, puiſque
vno incommodo poſito, multa conſequuntur, dit Ariſto-
te au premier liure de Phyſique, mais il faut ḡ
vous m'accordiez auſſi que ledict Cardinal, qui
par l'inſtitution de ſon Belloſan a appris de lō-
gue-main a meſpriſer ſon oncle, par la plus ſi-
gnalee ingratitude qui fut oncques ouye, & en-
ſemblement a eu touſiours vne ambitió extre-
me grauee dans le cœur, (& pour ceſte occaſion
en diuers lieux des agens & preſcheurs a gages)
ne vous laiſſera paſſer que le Biarnois ſoit tant
eſgal que vous dictes. Auſſi ne feront des Lon-
gueuilles & Humieres, ny autres reputez Ca-

tholiques, ausquels on dóne des charges & gou-
uernemés, qui voyent bien, quelque mine qu'ils
facenr, que le Biarnois ne se fie gueres en eux, &
pource leur baillé ordinairement, des la Noüë,
& autres huguenots pour tuteurs. Et de faict,
tous ceux de voftre party n'en parlent pas ainsi
que vous, qui touchent au doigt le contraire, &
voyent de combien il auance ceux de fa religió
(si religion doit eftre appellee) par deffus les autres qui ont apparéce de Catholiques, qui pour
cefte occafion l'ont ja voulu plufieurs fois abá-
donner, n'eftoit que *argentangina laborantes*, ils pa-
tientent encore par leur trop grande auarice &
ambirion. Il eft bié aueugle, qui ne voit que c'eft
vn mocqueur, & que tous ceux qui iactent fes
parties Royales, comme vous entre les autres,
qui plaidez tres-mal fa caufe, pour vn fi gros &
efpais Aduocat:& pource quelqu'vn lifant der-
nierement voftre lettre en noftre Palais, difoit,
Rufticus ille Depais multa dicit, fed nihil probat, & en dé-
uinant tresbien en vóz lettres qu'on appelleroit
cela hyperboles, vous l'auez faict auffi deuenir.
Vous penfez que ce mot (relaps) y mette toue
l'obftacle, vous vous abufez, ce n'eft n'y l'ombre
ny le mot, mais c'eft la chofe mefme. Et fi vous
dis que quand il ne feroit relaps, encore ne le
voudrions-nous receuoir s'il auoit toufiours
(comme vous croyez qu'il ait faict) continué en
fon herefie n'en ayant iamais noftre Fráce fup-
porté de cefte eftoffe. Et fçachant bié que comme l'herefie nous a mis en ce piteux eftat, auffi
nous paracheueroit-elle de nous perdre. Quát
audit mot (relaps) que penfez nouuellement in-
uenté

penté depuis 300. ans par les Decretales, il n'eſt
ſi nouueau que Ciceró n'en aye vſé, plus de ſei-
ze cens ans y a, & de ſon temps n'eſtoit nouueau
auſſi a faict Ouide en l'epiſtre de Sapho, & de-
uant luy Horace, epiſtre premiere , & pluſieurs
autres, ce que ie m'eſtóne que n'ayez remarqué,
eſtant reputé (comme ie ſçay que vous eſtes) &
poëte & fol naturel. En l'vſage Eccleſiaſtique,
ſi en ſainct Cyprian au ſermon de Lapſis, l'on a
approuué, plus de douze cens ans y a le mot de
Lapſus, pourquoy non auſſi bien relapſus? Mais
qu'importe s'il eſt vieil ou nouueau , ſinon que
par l'oſtentation qui vous eſt ordinaire , ayez
voulu inſerer ceſte curieuſe recherche? comme
encore adiouſtant apres auec vne pareille impudence (les Decretales reiettees par l'Egliſe Gallicane,) qui eſt ceſte Egliſe Gallicane ? ou con-
gregee ? par qui ? en quel an ? en quel concile ?
c'eſt donc vn traict de vos menſonges & impo-
ſtures ordinaires : de vous dis-ie & autres qui
ont vne ame ainſi faicte que la voſtre, qui ſoubs
ce mot s'en ſót beaucoup faict à croire, & vou-
lans authoriſer iniquement nos Rois & nos Parlemens , ſe ſont touſiours oppoſez à pluſieurs
bons articles receus en l'Egliſe. C'eſt ceſte Egliſe Gallicane qui vous a faict tant de fois ſtoma-
quer contre l'authorité du S. ſiege , qui vous a
faict malicieuſement efforcer de changer le til-
tre de l'Egliſe Romaine en l'Egliſe Gallique,
qui a faict que iamais homme ne vous ouyt biē
parler du Pape, qui vous a induit à cenſurer les
Conciles : & principallement recueillir depuis
nagueres tant d'erreurs pretendus du Concile

B

de Trente (bien eſt il vray que n'y comprenez
les mandats & indults que trouuez de bonne di-
geſtion) bref qui vous a faict ſi gros chreſtien
que chacun vous voit. On ſçait les mots de
gueulle & les contes plains d'abomination contre Dieu & l'Egliſe, que vous auez ordinairement en voſtre bouche. Ie ſçay ce que i'ay appris à vous hanter. I'ay horreur quand i'y pen-
ſe : voz commençaux ordinaires en ſçauroient
bien que dire,& particulierement voſtre grand
mignon Deully , qui en tient regiſtre auec ſa
Gueſpine que vous ne haiſſez pas. On ſçait quel
le religion vous auez ſuccé dés la mammelle ,
on ſçait bien que vous eſtes autant fils de voſtre
mere, pour l'hereſie,& frere de voz ſœurs comme eſloigné de la pieté de voſtre pere , par leql
pleuſt à Dieu que vous vous fuſsiez autant laiſ-
ſé conduire comme par ce monſtre hideux,du-
quel il a deſcrit l'expulſion en ſon Energume-
nique,& depuis *prodijt ex adipe iniquitas tua,& di-*
xiſti, Quomodo ſcit Deus & ſi eſt ſcientia in excelſo,& ne
pouuez ignorer qu'il y a ia long·téps que chacun vous recognoiſt Atheiſte & *Epicuri de grege*
*porcum,*voſtre deploratió de la mort de ſeu Hé-
ry de Valois le confirme aſſez. Il n'eſt pas iuſ-
ques à voſtre mere,qui a dict ſouuét(dont auſsi
ſouuent en auez pris la cheure)qu'elle auoit en-
gendré deux porcs,parlant de vous & de voſtre
frere,& que ſeriez bons à apparier à vn coche,
n'eſtoit que vous fuſsiez pouſsifs. I'entens celuy qui s'eſt acheminé depuis nagueres en Italie
apres auoir meſuré la cour du Louure à ſon ai-
ſe,& compoſé l'excellent liure *de Clericis,*&c.có-

tre ceux que vous aimez tant, lequel on mettra
en lumiere, quand les incongruitez de gram-
maire en seront corrigees. Ie ne sçay pas comme il luy prendra de ce voyage, mais bié sçais-
ie de vous que deuez remercier hardiment la
maladie qui vous arresta à Lyon, en vostre belle Cómission d'apres les Barricades; car si vous
fussiez passé outre, estant vostre vie & voz deportemens assez notoires, vous eussiez receu *di-
gna factis.* Mais Dieu vouloit laisser viure encore telles gens que vous, pource que nos pechez
n'en meritoient pas de meilleurs. Bien estoit ce
vn iugement de Dieu, quand vostre pauure pere (comme iadis vn bon Hely en l'escriture, *eo
quod viderat filios male agere & non corripuerat eos* dit
le texte) tomba a la renuerse la teste dans le feu
pour endurer en luy-mesme la peine deuë à ses
enfans, pour ne les auoir chastiez, ains auoir
permis qu'vne mere heretique leur donnast des
impressions damnables, plustost que des salu-
taires. Il fut bruslé (cóme luy-mesme disoit fa-
cetieusement a Monsieur la Guesle, vn peu auát
sa mort) sans que le Procureur du Roy eut pris
ses conclusions, & de vous, il n'en sera ainsi, qui
esprouuerez quelqu'vn de ces matins, auant que
estre bruslé, si vous ne changez de peau, toutes
les formalitez de iustice. Et pour reuenir à vostre Roy, vous dictes qu'il ne veut croire par
commandement, ie le croy bien, car il ne veut
rien croire du tout, quoy que ses ministres luy
preschent. Cependant vous coulez par vostre
theologie vn anxiome qui seroit tolerable à vn
Turc, à vn Iuif, à vn Sarrazin, qui alleguent or-

B ij

dinairement ne vouloir croire par contrainte,
mais à ceux qui ont receu la foy, & le caractere
des Chrestiens, ce n'est pas de mesme, cõme nul
n'est soldat par force, & ne s'enrolle qui ne veut
mais celuy qui est enrollé, est obligé de ne se de-
partir , & est vne ignorance intollerable de ne
pouuoir distinguer le Payē de l'heretique: voi-
re encore plus grossiere, de n'entendre comme
il faut, ce que vulgairement on dit, que nul ne
croit par contrainte.   Car nul n'est bon qui ne
veut, si ne laisse il pourtant d'estre tenu de l'e-
stre, autrement il est punissable. Nul ne s'abstiēt
qui ne veut d'estre larron, & voleur, meurtrier
& impudique: car comme dit sainct Paul, Toutes choses me sont loisibles, pourquoy dõc sont
les larrons pēdus? les voleurs brisez sur la rouë?
pourquoy punis les adulteres? sinon pource que
autre est la liberté qui exclud la necessité, autre
est la liberté qui exclud l'obligation? & qu'autant que la premiere conuient à tous , autant
entre les Chrestiens la derniere est re-
tranchee. Si lon n'est tenu de croire, pourquoy
Dieu commande-il au Deuteronome, que lon
execute à mort , celuy qui sert de nouueaux
dieux, ou qui n'obeit au prestre ? Pourquoy les
Loix des Empereurs ont-elles decreté le feu
pour ardre les heretiques? Bref ce sont princi-
pes d'vn tel Theologien que vous. Vous escri-
uez en outre qu'il ne veut deuenir hypocrite ou
atheiste, non, car il l'est desia. Mais ie m'estonne
de l'impudence de vostre (Car) qui faict rou-
gir de honte les plus effrontez de nos enfarinez
quand vous adioustez, parlant de vostre Roy,

(Car il craint Dieu, plus que Prince qui ait vefcu il y a mille ans.)

A bon droit doutez-vous que nous ne teniós
cela pour hyperboles, ains fçachez que nous tenons totalement pour execration & blaf-
pheme, de dire que cefte propofitió puiffe eftre
verifiee d'vn atheifte, tel qu'eft le Nauarrois,
mefme quand il n'y auroit autre chofe, que ce
qu'il eft heretique, & pour tel recogneu, & có-
damné par le iugement du S. Siege, qui ne peut
errer, duquel eftant voftre Roy vn apert con-
tempteur & oppugnateur, qui le pourra iufte-
ment dire, craignant Dieu, finó vn tel que vous,
qui n'en ait crainte non plus que luy? Et comment peut-il craindre Dieu s'il ne l'a pour pere
& cóment l'aura-il pour pere s'il ne recognoift
l'Eglife pour mere? car i'ay appris long-temps
y a de nos predicateurs, *Non poteft Deum babere pa-
trem in cœlis, qui nó agnouerit Ecclefiam matrem in terris.*
Et comment recognoift-il l'Eglife, s'il mefprife
le chef vifible d'icelle, fucceffeur de fainct Pier-
re, & vicaire de Iefus-Chrift? Vous n'appriftes
iamais de voftre feu pere, que cela fuft craindre
Dieu. Vous dictes plus, qu'il craint Dieu, plus
que Prince qui ait vefcu il y a mil ans. On voit
bien ou vous tendez, & ce que vous defireriez
bien perfuader fi vous pouuiez, à fçauoir q̃ depuis Clóuis, il n'y en a point qui ait affez craint
Dieu a voftre appetit. Pourquoy cela? pource
qu'ils ont efté tous vrais Chreftiens, recognoif-
fans l'Eglife Catholique, Apoftolique & Ro-

B iij

maine, laquelle vous hayſſez. Vous eſtes trop
tard venu, pour nous perſuader telles choſes, nõ
redibis exorator, & tiendrons touſiours (nonobſtãt
voſtre dire)voſtre Roy pour tel qu'il eſt. Duquel meſme vous declarez aſſez ſur la fin de vos
lettres, le peu d'eſpoir qu'il y a de le veoir Catholique, puiſque vous dictes qu'a force de de-
uiner on verra aduenir qu'il ne ſera iamais Catholique, ou s'il l'eſt, qu'il ſera diſsimulé & peut
eſtre pis. Ce ſont vos mots. Ie vous demãderois
volõtiers duquel des deux, Henris vous faictes
plus d'eſtat, ou du deffunct, ou du preſent? De
ceſtuy-cy direz-vous. Ie n'en doute nullement,
car le deffunct ne vous peut plus donner office
ny benefice, ny augmenter voz qualitez comme
vous eſperez de celuy-cy, haletant continuelle-
ment apres luy a cet effect. Et comme diſoit
vn quidam.

    Le mort ne peut donner de recompenſe,
    Et le viuant peut remplir voſtre panſe.

Ne vous ſouuient il plus ie vous prie, quand
vous fiſtes ceſte belle & notable harangue en la
face du Parlement, en laquelle vous exaltiez ſi
fort le feu tyran, que ne craigniſtes de dire(chacun de nous rougiſſãt, & baiſſant la teſte de ver-
gongne) qu'il ſurpaſſoit en vertu & pieté tous
ſes predeceſſeurs, adiouſtant impudemmét que
n'exceptiez S. Loys, ny les autres ſaincts canoni-
zez? Maintenant vous mettez ce ſainct perſon-
nage Henry de Bourbon, chef des heretiques
encores par deſſus. Qui exalterez-vous par a-
pres? Ie me doute q̃ ce ſera Amurath, au moins
s'il remplit la France de Turbans, comme deſi-

rez, & qu'en esperiez quelque lippee. Mais faictes leur legende si belle que voudrez, ie pro-
teste qu'a tels saincts ie ne porteray mes chan-
delles, & cherchez autre que moy qui les mette
en son calendrier. Or ce sont traits dignes d'vn
tel paintre que vous, qui ont trop peu de nez,
pour estre beaux. Seriez-vous bien si sot de pé-
ser qu'on en peust estre tãt soit peu esmeu? *Ante
leues ergo pascentur in æthere cerui. &c.* Quãt aux deux
nœuds Gordiens, que dictes rendre la paix dif-
ficile, a sçauoir la vengeance du feu Roy, atta-
chee au cœur de cestuy-cy, & l'ambitió du Roy
d'Espaigne. Le premier n'est si fort que vous
dictes, consideré que vostre Roy a tousiours re-
reputé feu Henry de Valois, son vieil ennemy,
& est fort ioyeux de sa mort, tesmoin ses lettres
escrites au canton de Berne, tesmoin ce que i'ay
ouy dire encore auec allegresse a quelque huguenot, que le Iacobin auoit auec son cousteau
crocheté la porte, pour faire entrer son maistre
au Royaume. Mais accordez si vous pouuez, ce
premier nœud, auec ce qu'auez vn peu aupara-
uant (& ce tresfaulsement) escrit, (si vous en
souuenez, car *oportet mendacem esse memorem*) que
vostre Roy ne peut hayr vn homme, ny riẽ gar-
der de vengeance sur son cœur 24. heures. Accordez dy-ie ces deux propositions vostres. Il
ne peut hayr 24. heures, & il a la vengeance at-
tachee au cœur. Et puis ie me rendray a vous.
Le second nœud n'est par nous referé a l'ambi-
tion, ains a la charité & mesme a l'obligation, q̃
l'Espaignol nous a, d'autant qu'il ne peut moins
que de nous aider a conseruer la vraye foy &

religion, puisque nous l'auõs portee en sõ pays
du temps de Charlemaigne, & du depuis encor
l'auons maintenue, luy estant en grand danger
de la perdre, comme en tel secours les Frãçois
ont tousiours esté aussi prompts, enuers toutes
les natiõs, cóme vous & les vostres estes própts
a vouloir ruiner ladicte vraye religion:& de ce
qu'en parlez auec si grande animosité . & paro-
les iniurieuses , ie le pardonne au zele qui vous
transporte, *Zelus enim domus Dei comedit te(* pour ne
dire ce que ie pourrois sans ironie *Zelus tuus co-*
medit domum Dei,que vostre zele mange & ruine
la maison de Dieu.Que si le zele de vostre religion vous meut a rechercher & espuiser la sen-
tine & punaisie de France, d'Angleterre, d'Alle-
maigne,de Dánemarc,de Suede, & de toutes les
contrees infectees d'heresie, & Mahumetisme,
pour faire auec ceste racaille d'énemis de Dieu
vne estroitte alliance, & leur donner en proye
les meilleures villes de ce Royaume,pourquoy
ie vous prie ne nous sera-il loisible pour la de-
fence d'icelles,& manutention de la religion de
noz peres,& salut de nostre posterité , rechercher tous les Princes & potentats Catholiques,
implorer leur secours , & nous ioindre tres-e-
stroictement auec eux,& specialement auec celuy duquel nous pouuõs attédre vn plus própt,
& plus asseuré secours:ains duquel nous auons
ja tant esprouué de bien-faicts enuers nous,que
nous sommes bien aueuglez & ingrats, si ne có-
fessons luy estre grandement obligez par la có-
seruation de nostre religion & de noz vies, depuis les efforts du Biarnois , comme aussi plus
beau

beau subiet ne pouuoit-il trouuer de gloire de-
uant Dieu & les hommes. Si voſtre gros ventre
en deuoit creuer de deſpit, & de tous ceux qui
fauoriſent voſtre Biarnois, nous en ferons eſtat
comme du plus grand Prince du monde, & tié-
drons pour huguenot dans le ventre, quicóque
en ceſte treſvrgente neceſsité & peril de la religion, nous voudra dégouſter de ſon ſecours, &
ſe fera ennemy d'vne ſi ſaincte Antipelargie.
Voyla quant a voz deux nœuds Gordiés, mais
vous oubliez le troiſiefme, qui eſt le principal
nœud de la beſougne & qui rend du tout la paix
impoſsible, c'eſt que voz volontez ſont ſemblables aux noſtres, vous voulez eſtre maiſtres auſſi voulons-nous, vous voulez vn chef de voſtre
religion, & nous vn de la noſtre. Dieu fait tres-
grands miracles en ce Roy (dictes vous parlant
du Biarnois) & faict veoir par infinis euenemés,
qu'il combat pour luy. A bon droict appellez-
vous cela miracle, car les victoires que nous ob-
tenons, ſont ſelon le cours ordinaire de la diuine diſpoſition, & n'y a pas ſi grand' occaſion de
s'eſmerueiller, combien qu'il y ait touſiours occaſion d'en louer Dieu, mais celles que gaignét
les ennemis de Dieu & de ſon Egliſe, cóme ſont
ceux de voſtre party, ſont purs miracles, d'autant qu'il n'y a en telles perſonnes aucune diſpoſition de leur part pour y pouuoir paruenir,
& le tout eſt extraordinairement & miraculeu-
ſement conduict, & opere par la diuine toute-
puiſſance, nó pour leur merite, mais pour le de-
merite, & pour les pechez des oüailles du Catholique troupeau, qu'il veut chaſtier, & par ce

C

moyen ramener en grace, S'ensuit-il, si vn Pha-
raon, vn Nabuchodonosor, & autres tyrans mé-
tionnez en l'escriture, ont quelquesfois eu du
meilleur, ont gaigné des villes & prouinces, ont
mis soubs leur ioug le peuple de Dieu, q̃ Dieu
ait approuué leur party ? Si Dieu a donné des
victoires aux Philistins iusques a se rendre mai-
stres de l'arche du testament, qui estoit le plus
precieux ioyau que iamais fut en Israel, estoit-
ce vn argument certain que le bon droict fust
de leur part? Nous autres Catholiques ne pou-
uons tirer telles consequences, pour estre icelles directement contraires au texte sacré. Ains
nous nous humilions a supporter tout ce qui
vient de la main de Dieu, soit victoire, soit per-
te, soit que nous viuions, soit que nous mouriõs
nous sommes tousiours a Dieu, nous tenons de
sa liberale bonté, comme en depost toute pros-
perité & nostre estre, s'il nous l'oste, il ne retire
que ce qui est sien, & recognoissons que *quicquid
patimur, peccata nostra meruerũt,* & qu'il est de nous
comme anciennement du peuple d'Israel, duquel dict Achior en l'histoire de Iudith, *Nõ fuit
qui insultaret populo isti, nisi quando recessit à cultu Domini Dei sui, tum autem dati sunt in prædam & in gla-
dium & in opprobrium : & quotiescunq̃ pænituerunt, de-
dit eis Deus cæli virtutem resistendi.* Personne ne s'est
osé oncques attaquer à ce peuple, sinon quand
il a delaissé son Dieu, car lors il a esté mis en
proye, & à la mercy du cousteau & en oppro-
bre, & toutesfois & quantes qu'il s'est recogneu, Dieu luy a donné la force pour resister.
Aussi est-il que la phrase ordinaire de l'escri-

ture, ne dit pas que tels ennemis de Dieu, a proprement parler, gaignent la victoire, mais dict simplement que Dieu liure son peuple, sa ville son temple, ses vaisseaux sacrez, entre les mains d'iceux, qui est vne remarque de S. Ierosme, disant a ce propos, *Non aduersariorum fortitudinis esse victoriam, sed Dei voluntatis, & que non tam armis suis pugnant quam sceleribus nostris.* Que la victoire de tels ennemis ne doit estre imputee a aucune valeur, ou force qui soit en eux, mais à la volonté de Dieu, & qu'ils ne combattent pas tant par leurs armes, que par nos iniquitez, tellemét que vostre Biarnois, qui croit aussi peu en Dieu ḡ Prince qui ait vescu il y a mille ans, est vn instrument duquel Dieu permet nos fautes estre punies, comme a esté iadis vn Attila, comme en Esaye vn Assur, appellé *virga furoris Domini*, & autres semblables, & est neantmoins vn orgueil commun à ceux de vostre farine, de vous attribuer cela a louange, & mesme de dire en mespris de Dieu, comme au Deuterono. *Manus nostra excelsa, & non Dominus fecit hæc omnia.* C'est nostre main puissante, & non pas le Seigneur qui a faict ces choses. Ie vous diray donc comme Esaye. *Nunquid gloriabitur securis contra eum qui secat in ea, aut exaltabitur serra contra eum à quo trahitur?* La coignee ne se glorifiera-elle point contre celuy qui couppe auec icelle, ou la sie ne s'esleuera elle point contre celuy qui la manie? Or sommes nous asseurez qu'en fin Dieu aura pitié de nous, & ne nous abandonnera point pour tousiours, *nõ dabit in æternum fluctuationem iusto,* puisque c'est sa cause que nous defendons : & au con-

C ij

traire voz prosperitez seront reduites en fumee
& vous tomberont en confusion, *& in puncto(cō-
me parle Iob) ad inferna descendetis*, ayāt appris par
experience, qu'en fin finale le Pere celeste ayāt
puny la faute de ses enfans, coustumierement
iette les verges au feu. Et puis nous verrons, aydant Dieu, nostre Roy & Prince naturel, remis
en liberté, nos princes eslargis, nos Catholiques
restituez, le peuple soulagé, la religion & cest
estat restably, & entre autres choses nous espe-
rons veoir en nos Parlemens (ce que plus crai-
gnez) autant regner la iustice, comme entre vo'
autres regne l'iniustice, a l'accomplissement de
ce traict d'Esaye. *Restituam iudices tuos vt fuerunt
prius, & consiliarios tuos sicut antiquitus.* Ie restabliray
tes Iuges & tes Conseillers, comme ils ont esté
anciennement. Voila quant au poinct des heu-
reux euenemens, & miracles de vostre Roy, ce
que nous enseignent nos Fueillans, Guincestres
Pigenats, desquels les noms au discours de voz
lettres vous sont tant à contrecœur. Quād vous
sçaurez ce q̃ font nos Panigaroles & noz Chri-
stins (qui sçauent bien rendre vaines toutes les
attentes de ceux qui appellent le Biarnois) cela
vous fera bien mal à la teste. Et pleust à Dieu
que voz Berangers, & autres apostats & ministres ne vous portassent point pire doctrine que
celle là. Ie laisse voz metatheses & metamor-
phoses, esquelles vous auez pensé demonstrer
vostre plus grande subtilité, & ie vous apprend
qu'on n'y trouue ny sel ny sauge, ains vne pure
niaisie, farcie de mesdisance, & des notes ordinaires de vostre impudence & atheisme. Ainsi

en iuge-on en noſtre Palais, & croy que le iugement d'ailleurs eſt de meſme. Et ce voit encores aſſez clairement en la concluſion de voſtre
miſſiue , que ne ſçauriez parler correctement
Chreſtien, en laquelle faignãt croire le dernier
iugement, & reſurrection finalle , il ſemble que
ne ſçachez bonnement qui doit lors eſtré le iuge , puiſque ayant dit qu'il y a là haut vn iuge
ſcrutateur des cœurs *qui retribuet. &c.* vous ad-
iouſtez ces mots (il iugera Dieu aydant ceſte
cauſe) qui eſt tres ineptement parlé , car il ne
falloit adiouſter ceſte particule (Dieu aydãt)
ſi vous croyez qu'il ſoit Dieu luy-meſme. *Det
tibi obſecro iudex ille meliorem mentem.* A Dieu , de
Paris ce dernier de Ianuier, 1 5 9 0 .

      Par voſtre ancien amy, & main-
tenant ennemy iuré de tous voz
ſemblables.
           Pierre le Maigre.